Dieses Buch gehört:

1. Auflage 2006

Text: Susa Apenrade
Illustrationen: Iris Hardt
Rezepte: Ursula Roder
Gesamtherstellung: Westermann Druck Zwickau GmbH
ISBN 3-401-08863-7
ISBN 978-3-401-08863-1

www.arena-verlag.de

Susa Apenrade Iris Hardt

Ich will aber Spagetti!

EDITION BÜCHERBÄR

»Was macht ihr da?«, fragt Jessica. »Baut ihr eine Burg?«
Sie setzt sich zu Moritz und Basti in den Sandkasten. Weil Ferien sind, ist der Kindergarten zu, und Moritz und Basti sind mit Mama auf dem Spielplatz, Jessica mit ihrem Vater.

»Nö«, sagt Basti, »wir sind Köche. Wir machen grade eine Pizza.«
»Oh, da bekomm ich wieder die Kruste, die magst du ja nie«, lacht Jessica.
Basti streut ein paar Blätter auf die Sandpizza.
»Jetzt ess ich aber die Pizza nicht mit«, schimpft Moritz.
»Ich weiß, im Kindergarten isst du ja auch nie Gemüse«, sagt Jessica.
»Zu Hause auch nicht, leider«, seufzt die Mama von Basti und Moritz, die grade dazukommt: »Kinder, wir müssen gehen!«
»Kommst du heute Nachmittag, Jessica?«, fragt Moritz.
Jessica nickt.
Moritz und Basti mögen Jessica sehr.
Eigentlich schwärmen sie für Jessica.
Ja, beide könnten Jessica sofort heiraten, wenn das ginge.
Am besten zu zweit.

»Was gibt's heut zu essen, Mama?«, fragt Basti auf dem Nachhauseweg. »Kartoffelbrei?«
»Heute gibt's mal was ganz Neues«, sagt Mama.
»Ess ich nicht«, sagt Basti sofort.
»Ich auch nicht«, ruft Moritz.
»Ich kann euch nicht immer Kartoffelbrei mit Würstchen, Reis mit Fischstäbchen oder Spagetti machen – besonders, wo Basti noch nicht mal die Spagettisoße isst.«
»Was Fremdes essen wir aber nicht«, mault Moritz.
»So. Und was esst ihr im Kindergarten?«, fragt Mama.

Metzger
PIZZA

»Reis mit Mais und Erbsen, aber die Erbsen tue ich immer gleich weg, weil die grün sind«, überlegt Moritz.
»Gibt's auch ein Essen, bei dem ihr beide mal nichts wegtut?«, seufzt Mama.
»Müsli!«, sagen beide.
»Ich meine ein Mittagessen!«, ruft Mama.
»Rührei mit Schinken«, überlegt Basti.
»Stimmt gar nicht, das isst du nur, wenn das Rührei nicht so glitschig ist«, behauptet Moritz, »aber Klöße mit Soße ... Ach, nee, da isst Basti ja die Soße nicht mit.«
Mama seufzt schon wieder.
»Ich esse nur alles, was grün ist, nicht«, tröstet Moritz.
»Das wissen wir«, sagt Mama. »Leider.«
»Soße ist bäh«, mault Basti. »Butter auch.«
»Es wird euch doch noch ein Essen im Kindergarten einfallen, das ihr beide vollständig esst!«, ruft Mama laut.
»Apfelpfannkuchen!«, schwärmt Moritz.
»Nichts Süßes«, bestimmt Mama.
»Hähnchen mit Kartoffelsalat«, sagt Basti, »aber den Kartoffelsalat ohne diese Schmiere ...«
»Majonäse«, erklärt Mama.
»Und ohne diese Dingsda – diese Gurken«, murmelt Moritz.
Mama seufzt wieder.
Sie sind zu Hause angekommen.

Mama geht in die Küche und kommt wenig später mit einem Topf wieder.
»Das ist mal was Anderes«, schwärmt sie, »das ist eine herrliche Kartoffelsuppe mit Möhrchen.«
»So was esse ich nicht«, sagt Basti mürrisch.
»Ich auch nicht«, meint Moritz.
»Aber ihr habt doch noch nicht mal probiert!«, ruft Mama.
Basti schielt in den Topf. »Soßen esse ich doch nicht!«, ruft er.
»Das ist Suppe!«, ruft Mama.
»Womöglich ist da was Grünes drin«, schimpft Moritz.
»Aber irgendwann muss man ja mit Probieren anfangen!«, schreit Mama.
Sie schöpft sich Suppe auf einen Teller und fängt an zu essen.
»Herrlich!«, sagt sie.
»Und wir?«, fragt Basti. »Wir verhungern grade.«
»Dann verhungert!«, sagt Mama und isst weiter.
Moritz und Basti rasen in die Küche.
»Jetzt essen sie Käse und Wurst aus dem Kühlschrank«, denkt Mama. »Bitte!«

Später klingelt es.
Es ist Jessica.
»Hast du Hunger, Jessica?«, fragt Mama. »Vielleicht ein kleines Süppchen?«
»Oh ja, darf ich sie aus einer Puppentasse essen?«, fragt Jessica.
Irgendein Verrückter hat den Jungs mal ein Puppengeschirr geschenkt.
»Aah, ist diese Suppe gut!« Jessica leckt sich die Lippen.
»Noch mehr?«, fragt Mama mit sehr, sehr lieber Stimme.
Als Jessica schon acht Puppentassen ausgelöffelt hat,
will sie immer noch mehr ins Kinderzimmer gebracht kriegen.
Die Kinder spielen Büchervorlesen mit selbst erfundenen Geschichten.

Als Mama später ins Kinderzimmer kommt, steht die Puppentasse sehr nah bei Basti.

Basti gibt Jessica einen Stups.
»Ach ja, bitte noch mehr von dieser herrlichen Suppe«, bittet Jessica.
Mama serviert die Suppe gleich in mehreren Puppentassen ins Kinderzimmer.
Als Mama später noch mal kommt, steht eine kleine Tasse diesmal auch bei Moritz.
Abends ist immer noch Suppe da.
Am nächsten Morgen ist gar keine Suppe mehr im Topf.
Mama sagt kein Wort.

Jetzt in der Ferienzeit gibt's für Moritz und Basti oft
Kartoffelbrei mit Würstchen,
Reis mit Fischstäbchen und Spagetti –
für Basti ohne Tomatensoße.
Das Übliche halt.

Aber Mama isst verschiedene Suppen.
Die kocht sie gleich für Jessica mit.
Denn Jessica kommt sehr, sehr oft zum Spielen.
Und will sehr, sehr oft Suppe in Puppentassen ins
Kinderzimmer serviert haben.
Angeblich werden auch die zwei Teddys,
das dicke Nilpferd und der Plüschhund
Schnüff-Schnüff mit Suppe versorgt. Wer weiß schon,
was in so einem Kinderzimmer alles passiert!

»Das ist komisch«, sagt Mama eines Morgens, »wenn ich abends von meiner Suppe noch was übrig habe, ist morgens gar nichts mehr im Topf! Was ist denn da in der Nacht passiert?«
Moritz überlegt: »Das kann ein Gespenst sein.«
»Möglich«, meint Mama, »aber dann isst das Gespenst die Suppe ja kalt!«
Basti sagt schnell: »Gespenster essen immer alles kalt, das weiß ich!«
»Ach so«, meint Mama. »Kommt Jessica heute?«, fragt sie.
»Klar«, sagt Moritz.
»Ich habe nämlich viel zu viel Rosenkohlauflauf mit Käse überbacken für mich gekocht«, meint Mama. »Ich bring's ihr dann ins Kinderzimmer.«

Jessica isst sehr, sehr viele Puppenteller mit Rosenkohlauflauf. Angeblich essen die zwei Teddys, das dicke Nilpferd, der Plüschhund Schnüff-Schnüff und diesmal auch der Affe Nepomuk wieder kräftig mit. Von dem Nachtgespenst gar nicht zu reden.

»Mama, falls Jessica anruft, was sagen wir, was du heute kochst?«, fragt Basti am nächsten Tag.
»Ihr bekommt Fischstäbchen, und ich und Jessica essen Schnitzel mit Pilzsahnesoße«, sagt Mama.
Basti verzieht keine Miene.
Wieder essen Jessica und die Stofftiere unsäglich viele Puppenteller Schnitzel mit Pilzsahnesoße, und das Gespenst müsste eigentlich auch einen ganz dicken Bauch vom Naschen haben.

»Mama, kannst du heute noch mal die Blumenkohlsuppe für dich kochen?«, fragt Moritz am Morgen.
»Warum?«, fragt Mama.
»Weil ... weil ... Das isst Jessica so gerne«, sagt Moritz.
Aber heute hat Mama ein neues Essen für sich gekocht: Eier mit Senfsoße.
Und sie bringt das Tablett mit vielen Puppentellern voll in den Garten.
Aber es wird diesmal nicht alles aufgegessen.
»Hat es dir nicht geschmeckt, Jessica?«, fragt Mama.
»Mir schon«, sagt Jessica verlegen. »Aber den Stofftieren nicht.«
»Ach, so«, sagt Mama ernst und sammelt die Teller wieder ein.
Hört sie es da etwa kichern?

Dem Gespenst schmeckt das Essen
komischerweise auch nicht.
Der Topf bleibt voll.

Abends fragt Moritz:
»Mama, kannst du morgen mal wieder diese Kohl…, Kohl…«
»Kohlrouladen«, hilft Mama.
»… Kohlrouladen machen?«
»Aber Jessica kommt doch gar nicht, die ist doch bei ihrer Oma zu Besuch«, sagt Mama.
»Nur für das Gespenst, das hat mal wieder Hunger drauf«, meint Basti.
Mama kocht Kohlrouladen.

Abends nach dem Zubettgehen hört Mama es draußen herumhuschen. Sie geht auf den Flur, dann in die Küche. »Huch!«, sagt sie. Vor ihr im Halbdunkeln steht ein richtiges Gespenst. Nein, es sind sogar zwei! Eins davon kichert.
»Was macht ihr Gespenster denn hier bei uns?«, fragt Mama.
»Wir haben Hunger«, sagt das Gespenst mit tiefer Stimme.
»Hunger auf Koooooohlrouladen.«
Es wendet sich zu dem zweiten Gespenst: »Nicht wahr, Kunibert?«
Das zweite Gespenst wackelt vor Kichern.
Mama prustet laut heraus, und auch das erste Gespenst kichert immer lauter. Die Bettlaken verrutschen, zum Vorschein kommen Basti und Moritz, die sich vor Lachen den Bauch halten.

»Meine Gespenster!«, ruft Mama. »Meine beiden Feinschmecker! Gebt's zu, dass ihr schon die ganze Zeit mein Essen mit Jessica mitesst! In dem Puppengeschirr!«

Basti und Moritz nicken und kichern.

Gemeinsam setzen sie sich hin und futtern die Kohlrouladen. Nachts!

Frau Wagner, die Nachbarin, sieht das durchs Fenster und staunt.

»Wie praktisch!«, lacht Mama. »Jetzt könnt ihr mir selber sagen, was euch schmeckt und was wir essen wollen.«

»Bald bitte wieder Schnitzel mit Pilzsahnesoße«, bestellt Basti.

»Aber du isst doch keine Soßen!«, sagt Mama.

»Jetzt schon«, lacht Basti.

»Und kochen lernen wollen wir auch!«, ruft Moritz.

12 Lieblingsrezepte zum Nachkochen

Die Rezeptkarten heraustrennen und
an den eingezeichneten Linien ausschneiden.
Viel Spaß beim gemeinsamen Kochen und:

Guten Appetit!

Alle Rezepte wurden zusammengestellt von Ursula Roder

Ursula Roder wurde 1965 in Dinkelbühl geboren.
Sie machte eine Ausbildung als Köchin und Hotelfachfrau und
führt seit 1988 mit ihrem Mann Sven den Hotel-Gasthof »Schiff«
in Winterhausen am Main.
Seit 1994 ist sie Hotelmeisterin. Ursula und Sven Roder kochen
nicht nur gerne für ihre Gäste – sondern natürlich auch
für ihre beiden Kinder.

Vorsicht!
Bitte lassen Sie Ihre Kinder nicht unbeaufsichtigt in der Küche und auch nicht alleine Speisen zubereiten.
Verlag und Autorinnen weisen darauf hin, dass keine Garantie beziehungsweise Haftung für Personen-, Sach- oder Vermögensschäden, die durch das Befolgen der Hinweise in diesem Band auftreten, übernommen werden kann.